Made in the USA
Middletown, DE
17 December 2022

18850059R00057